Le Matérialisme et la Science

Erreurs et Préjugés à détruire

PAR

l'Abbé A.C.E. FOURNIER
des Clercs de N.-D. de Chartres

Maurice THOUVENIN
Docteur ès-sciences

PARIS
GABRIEL BEAUCHESNE, ÉDITEUR
117, Rue de Rennes, 117

1913

Tous droits de reproduction et de traduction réservés

Le Matérialisme et la Science

Erreurs et Préjugés à détruire

Nihil obstat :

Vesontione, XV Kal. Decembris 1911.

> A. LAURENT,
> Censor.

Permis d'imprimer :

Besançon, le 22 Novembre 1911.

> † FRANÇOIS-LÉON,
> Archevêque de Besançon.

Le Matérialisme et la Science

Erreurs et Préjugés à détruire

PAR

l'Abbé A.C.E. FOURNIER
des Clercs de N.-D. de Chartres

Maurice THOUVENIN
Docteur ès-sciences

PARIS
Gabriel **BEAUCHESNE** & Cie, Éditeurs
117, Rue de Rennes, 117
—
1912
Tous droits de reproduction et traduction réservés.

A Sa Grandeur

Monseigneur **GAUTHEY**

Archevêque de Besançon

Filial Hommage.

A. F.   F. M. T.

INTRODUCTION

Le combat contre les croyances religieuses est tout particulièrement mené de nos jours au nom de la Science, c'est sur elle que les détracteurs de notre Foi essaient surtout de s'appuyer pour légitimer leurs négations.

Au seul mot de *Science*, beaucoup s'inclinent avec un superstitieux respect, d'autant plus grand qu'ils ont moins fréquenté en personne le domaine scientifique.

La Foi aveugle et certaine à diverses formules d'assonance et d'allure scientifiques, le culte des doctes expressions : *méthodes nouvelles, investigation, expérimentation* et autres, fascinent un grand nombre de gens simples, qui parfois s'estiment savants, et qui toujours aiment à se réclamer de la Science. Ils forment ensemble une compagnie où l'on accepte, sans contrôle, avec l'enthousiasme béat propre aux néophytes, n'importe quelle théorie, n'importe quel fait isolé, pourvu qu'il ait l'apparence d'un étai susceptible de soutenir ou d'échafauder le dogme du matérialisme.

Les fauteurs de cette religion ne sont pas, pour la plupart, des hommes de foi mauvaise ou douteuse ; si les naïfs, à qui la redondance des mots suffit, s'y trouvent en grand nombre, les ambitieux et les *snobs* y coudoient beaucoup de demi-savants victimes d'une éducation incomplète ou mal comprise.

Aussi ne doit-on pas être surpris si ceux d'entre eux qui y voient le plus, et ne sont que de pauvres borgnes, découvrent aisément dans les travaux des savants toutes autres choses que celles qui s'y trouvent.

Ils ignorent, ou feignent d'ignorer, que la première vertu du savant consiste à savoir douter de soi.

Aussi la faiblesse de leur vue ou de leur entendement n'a guère d'égale que l'assurance avec laquelle ils affirment ou nient ; leur *omniscience* les rend docteurs-nés, leur fatuité orgueilleuse fait de chacun d'eux un petit pape laïque.

A nos dogmes, ils opposent les leurs où la piperie des mots, notamment du mot *Science*, prend un rôle de grotesque importance.

C'est ainsi qu'ils affirment que :

1º La Science a chassé Dieu.

2º La Science a démontré l'impossibilité du miracle.

3º La Science a réfuté la Révélation.

4º La Science est incompatible avec la Foi.

Ces formules, que l'on apprend de mémoire, et que l'on répète à tout venant, avec la précision et la méthode propres aux perroquets, en imposent aux simples ; et si fausses que soient ces affirmations, elles demeurent si dangereuses que déjà l'on croirait, à l'encontre de ce que disait Descartes, que le bon sens est la chose du monde la moins bien partagée, puisque à la base de la méthode matérialiste nous trouvons la grande loi de l'illogisme, le mépris de tout fait gênant et l'ardeur juvénile à conclure du particulier au général et de l'hypothèse à la réalité.

Toutes les sciences humaines se réclament de l'expérience et de la raison, celle-ci guidant celle-là et coordonnant le fruit de ses observations ; mais celle-là limite le champ objectif de la raison, de telle façon que toute théorie, pour être plausible, doit comprendre tous les faits dont elle prétend nous rendre compte, aucun d'eux ne doit la trouver en défaut.

Les sciences expérimentales n'étudient ni la nature ni la raison des choses, elles ignorent d'où viennent et où vont les phénomènes, elles examinent uniquement comment ils paraissent se produire.

Et les savants, en classant les menus faits, après de minutieuses recherches, résument leurs longs et pénibles travaux en quelques phrases que l'on appelle des *lois*. Certains d'entre eux, voulant donner l'explication d'un ordre de phénomènes, abordent ces hypothèses qui embrassent une grande quantité de faits et de lois qu'on nomme des théories.

Et c'est précisément la théorie scientifique, organe fragile, délicat et susceptible de changement, que les pontifes du matérialisme invoquent quand, bien entendu, elle paraît favorable à leurs conceptions philosophiques ou plutôt prétendues telles.

Or la théorie scientifique d'un ordre donné de phénomènes, telle qu'elle se présente à nous, est souvent si précaire que, bien qu'elle nous paraisse à un instant déterminé comme complète et fixée définitivement, elle semble en un même siècle naître, vivre et mourir.

Si en toute rigueur nous ne pouvons pas dire qu'elle meurt, nous devons reconnaître qu'à sa dernière étape elle diffère parfois tellement de sa forme première que c'est à peine si un spécialiste parvient à reconnaître une même chose dans des états divers.

C'est ainsi que dans la question de la théorie de la lumière l'esprit humain fut pleinement satisfait, tour à tour, par la théorie de Newton, puis par celle de Huygens, par celle de Fresnel ; enfin, la théorie électro-magnétique de Maxwell nous paraît aujourd'hui comporter la dernière explication des phénomènes lumineux.

Ne verrons-nous pas, dans un avenir plus ou moins prochain, cette quasi-certitude remplacée, elle aussi, par une théorie nouvelle, et le nom de Maxwell relégué au musée archéologique de la Science à côté de celui du génial inventeur de la théorie de l'émission ?

On ne doit pas être surpris de la relativité que nous attribuons à nos connaissances scientifiques, et surtout de la défiance que nous éprouvons généralement devant une théorie nouvelle, si plausible qu'elle soit.

Quand le 28 juillet 1818, Fresnel, sollicité par Arago de prendre part au Concours de 1819, remit à l'occasion d'une étude expérimentale et théorique du problème des ombres, son mémoire fameux signé : « *Natura simplex et fecunda* », le nom de Newton attaché à la théorie de l'émission suffisait à la rendre indiscutable.

Le prix fut décerné à Fresnel par une commission composée d'Ampère, de Poisson et d'Arago, ce dernier étant rapporteur ; cependant la théorie des forces centrales répondait, à cette époque, si pleinement aux exigences des savants que, dans l'édition de 1833 de son *Traité de Mécanique*, Poisson opinait encore pour la théorie de l'émission (1).

Il fallut les expériences de Fizeau, en 1851, pour que la théorie des ondulations, proposée par Fresnel, ne demeurât plus une simple hypothèse ingénieuse aux yeux des géomètres et des physiciens.

Si les préjugés sont si bien enracinés chez les esprits cultivés, comment pourrait-on être surpris que des gens, qui n'ont ni l'occasion ni les moyens de se renseigner, conservent des préjugés qu'ils décorent du nom de science?

Comme les questions métaphysiques et théologiques n'appartiennent pas au même ordre d'idées que les sciences expérimentales (physiques, chimiques et naturelles), puisqu'elles les dépassent, les choses dont le théologien s'occupe échappent nécessairement à l'analyse du physicien, du chimiste ou du naturaliste, et leur objet exige d'autres méthodes.

Aussi tout savant, digne de ce nom, se refusera toujours, au nom même des méthodes légitimes, à dire que la Science est contre la Foi, ou que la Science prouve la Foi ; car la Foi n'est pas de la compétence de la Science expérimentale.

« La Science a chassé Dieu et a démontré l'impossibilité du miracle », « il y a incompatibilité entre la Science et la Foi » sont donc des propositions dépourvues de toute valeur scientifique ; elles accusent seulement que ceux qui les émettent ne sont pas assez familiers avec les procédés de l'investigation scien-

---

(1) Voir : Cl. Cornu, *Les travaux de Fresnel en optique*, Annuaire du Bureau des Longitudes, 1896.

S. D. Poisson, *Traité de mécanique*, seconde édition, 1833, T. I, Dynamique, p. 301-313.

tifique pour avoir une vision bien nette de son domaine.

Mais parmi les propositions avancées par les rationalistes et les positivistes, les suivantes méritent d'être examinées, parce qu'elles supposent à leur base une expérimentation sérieuse. Ce sont :

I. — La Science a réfuté la Révélation.

II. — « La Science ne nie pas le miracle *à priori*, « elle a reconnu *à posteriori*, que devant elle aucun « miracle n'arrive. »

Cette dernière formule positiviste, due à Littré, paraît, au premier abord, très raisonnable et peut faire illusion ; c'est précisément pour cela qu'elle doit être discutée, ne serait-ce que pour montrer que, dans la pratique, elle se rapproche singulièrement de l'affirmation rationaliste : Le miracle est impossible (simple hypothèse), la Science l'a prouvé (addition des ignorants).

CHAPITRE PREMIER

La Science a réfuté la Révélation

La question posée est la suivante : l'investigation scientifique est-elle parfois arrivée à des conclusions *certaines* expressément contraires à la Révélation?

C'est surtout à propos des questions touchant aux origines que l'Eglise rationaliste prend position contre la Révélation.

Le champ de bataille principal est, comme de juste, l'histoire de la Création d'après la *Genèse* (1).

Il importe donc de savoir ce que Moïse, l'auteur inspiré de la *Genèse*, enseigne dans ses récits de la Création.

Et tout d'abord, qu'est-ce que l'inspiration?

L'inspiration (2) d'après la majorité des théologiens catholiques, consiste, non pas en ce que Dieu dicte mot pour mot à un homme ce qu'il veut faire

---

(1) « Dans les livres où une foi confiante trouvait la parole même de Dieu, l'examen discernera bien des éléments indignes d'une telle origine...... Ils contiennent des erreurs que les progrès de la science rendent inacceptables, par exemple, les légendes de la création... » J. PAYOT, *Cours de Morale*, p. 203.

(2) Chanoine PANIER, professeur de langue hébraïque et d'Introduction à l'étude de l'Ancien Testament à la Faculté de Théologie de Lille : Conférence faite le 13 décembre 1901 aux élèves de l'Institut catholique de Lille.

BACUEZ et VIGOUROUX : *Manuel biblique*, T. I.

Voir les mots *Inspiration, Révélation*, dans le *Dictionnaire Biblique* de M. l'abbé VIGOUROUX et dans le *Dictionnaire théologique* de M. l'abbé VACANT.

connaître aux hommes, mais en ce qu'il inspire telle ou telle pensée à traduire aux hommes.

Pour cela, l'écrivain inspiré qui écrit pour des hommes dont il doit être compris, se sert de ses moyens propres, de son langage, et même, s'il trouve, dans ce qu'il est chargé de faire connaître, un récit déjà rédigé avant lui, il peut en user; mais alors, sous l'inspiration divine, il élague ou modifie dans ce document tout ce qui s'y trouverait contraire à la vérité, à ce que Dieu lui a inspiré.

Ainsi, dans l'Evangile de saint Mathieu et dans celui de saint Luc on trouve des généalogies de Notre-Seigneur Jésus-Christ qui évidemment sont des documents puisés aux archives israélites.

Dans le récit de la Création, Moïse, écrivant sous l'inspiration du Saint-Esprit, devait combattre les erreurs de son temps, et par conséquent celles des époques suivantes, car ce sont toujours, en dépit du progrès, les mêmes erreurs qui reparaissent, tels les accès d'une fièvre intermittente, et l'adage : « il n'y a rien de nouveau sous le soleil » a été, est, et sera toujours vrai.

Contre le panthéisme, dont les formules se retrouvent fréquemment chez les prêtres égyptiens, celle-ci, par exemple, « le monde et Dieu sont une substance unique », Moïse enseigne que Dieu a créé le ciel et la terre et que, par conséquent, la matière n'est pas éternelle.

Contre la doctrine chaldéenne qui admettait que le monde, comme tout ce qui existe, était sorti, par des perfectionnements successifs, d'une sorte de monade, Moïse montre au contraire que Dieu a créé le monde.

A la doctrine de l'Avesta, très en faveur en Perse,

qui professait le dualisme, le bien et le mal (l'esprit et la matière) coéternels et se combattant, Moïse oppose que Dieu a tout fait, la matière et l'esprit.

Dieu est éternel, il a créé tout ce qui existe, tels sont les dogmes que nous fait connaître et nous impose la *Genèse*.

De leur côté, les rationalistes, non pas savants mais à prétentions scientifiques, ce qui est bien différent, déclarent formellement que la Science a prouvé :

a) — Que *la matière et le mouvement sont éternels*, d'où il suivrait que Dieu étant devenu inutile n'aurait pas de raison d'être, donc n'existerait pas.

b) — Que l'homme est arrivé récemment, par des procédés scientifiques, *à créer de la matière vivante*.

c) — Que *l'homme et le singe anthropomorphe ont un ancêtre commun* ; c'est cette proposition que le vulgaire dénature en disant : l'homme descend du singe.

Il importe d'examiner avec soin chacune de ces propositions et de rechercher quelle est leur valeur scientifique.

§ *a* — La matière et le mouvement sont éternels

La croyance à l'éternité de la matière et du mouvement est une simple hypothèse nécessaire à la doctrine rationaliste, parce que sans elle il faut admettre le miracle que systématiquement les rationalistes repoussent sans examen (1).

---

(1) « Il est absurde de supposer une cause première de l'univers, car cette cause serait elle-même sans cause, » écrit Monsieur J. Payot (*Cours de Morale*, p. 190, en note).

Cette affirmation de M. Payot est tout ce qu'il y a de plus illogique ; il est absurde, dit-il, d'admettre une cause sans cause

— 18 —

L'éternité de la matière n'est pas prouvée. Quant à l'éternité du mouvement, le principe de la conservation de l'énergie amène fatalement à cette conclusion que le mouvement ne peut être éternel, parce que devant avoir une fin, il a eu nécessairement un commencement.

Voici, en résumé, l'exposé du principe de la conservation de l'énergie.

« Le déplacement de l'énergie est la condition
» essentielle de l'existence des phénomènes, dont
» chacun ne peut consister qu'en un changement
» survenu dans les objets qui nous entourent ; mais
» les transformations de l'énergie ne s'effectuent pas
» indifféremment dans un sens ou dans l'autre.
» Toutes ne sont pas *réversibles*, suivant l'expression
» usitée ; et en outre l'expérience nous apprend
» qu'il est une forme de l'énergie, la chaleur, dont la
» stabilité l'emporte sur celle de toutes les autres
» formes connues, ce qui la rend spécialement im-
» propre aux fonctions actives. Aussi l'a-t-on qua-
« lifiée de forme inférieure ou *dégradée*. Or, quand
» il s'agit de transformations irréversibles, comme
» celles qui accompagnent le frottement, les chutes
» de chaleur par rayonnement, la résistance des
» conducteurs électriques, etc., la dégradation résul-
» tante est définitive. Sans doute, la quantité
» d'énergie n'a pas varié ; mais la proportion qui en
» pouvait être utilisée pour produire du travail se

---

et, pour se dérober à cette absurdité (suivant lui), il suppose aussitôt un effet sans cause.

Pourquoi serait-il plus absurde, si absurdité il y a, de supposer une cause sans cause que de croire, non pas, en réalité à un seul effet sans cause, mais nécessairement, à une multitude d'effets sans cause.

» trouve amoindrie ; la *qualité* de l'énergie a di-
» minué (1).

« L'énergie se dégrade sans cesse. Tout système
» fini tend vers un équilibre absolu, irrémédiable.
» Les mondes meurent comme les individus. Y a-t-il
» quelque part une source capable de faire remonter
» la pente à notre vieux monde, de relever en grade
» l'énergie déchue, d'éloigner l'ensemble des choses
» de l'équilibre mortel vers lequel tout ce qui nous
» entoure paraît tendre nécessairement (2)? »

« De cette constatation fondamentale (la dégra-
» dation de l'énergie), Clausius et Lord Kelvin ont
» déduit que l'univers marchait fatalement dans un
» sens déterminé, la *dissipation de l'énergie* ayant
» pour objet d'user incessamment la partie utilisable.
» Ce serait donc, à une échéance lointaine, mais iné-
» vitable, la suspension de toute possibilité de dépla-
» cement, c'est-à-dire de tout phénomène (3). »

*
* *

Or, la matière est actuellement en mouvement, en mouvement évolutif. Comme le mouvement
est dû à une dépense d'énergie, à une force qui se
déplace en accomplissant un travail, il doit arriver
un jour où tout mouvement sera devenu impossible,
l'équilibre entre le travail accompli et l'énergie
dépensée se trouvant établi.

---

(1) E. PICARD, *Exp. univ. de 1900*. Rapport sur les sciences, p. 31.
DE LAPPARENT, *Science et Apologétique,* 1905, p. 180-181.
(2) EDMOND BOUTY, *La Vérité scientifique, sa poursuite*. Bibliothèque de philosophie scientifique, 1908, p. 285.
(3) DE LAPPARENT, *ibid.* p. 180.

Il est donc évident que si la matière était en mouvement de toute éternité, aucun phénomène ne serait actuellement possible, l'énergie ayant eu l'éternité pour dissiper sa partie utilisable. De toute éternité tout mouvement, et par suite tout phénomène ne pourrait plus se produire puisque à un moment quelconque de la durée il se serait toujours écoulé le temps suffisant et nécessaire pour que tout phénomène soit devenu impossible.

Il faut donc qu'il y ait eu, dans le passé, un temps où la matière ait été immobile puisque, de nos jours des phénomènes étant constatés, elle est évidemment en mouvement.

Conclusion : Le principe de la conservation de l'énergie, exigeant l'immobilité de la matière à un instant donné dans le passé, est la négation de l'éternité du mouvement.

C'est une loi toujours admise, qu'un corps ne peut changer d'état que si une cause étrangère vient agir sur lui.

On vient de voir que dans le passé la matière a dû être immobile, sinon impossibilité absolue de rien comprendre à ce qui maintenant existe tel qu'il est ; pour le passage de l'immobilité au mouvement, changement d'état, il a donc nécessairement fallu l'intervention d'une cause étrangère.

Pour les spiritualistes, Dieu est cette cause agissante et nécessaire. Quant aux rationalistes ils en sont réduits à admettre la manifestation du mouvement sans cause, hypothèse qui est en contradiction avec ce que l'expérience constate chaque jour.

Aussi leur embarras est grand ; ne pouvant nier le principe de la conservation de l'énergie, ils cherchent du moins à en atténuer la portée.

Les uns ont affirmé que la quantité perdue d'énergie utilisable est absolument insignifiante comparée à celle qui doit rester. Ils ne résolvent pas la question, tout au plus parviennent-ils à reculer l'instant de l'inévitable échéance.

D'autres ont dit : « le principe de la conservation de l'énergie n'a de sens précis que pour un système isolé, il est bon pour un univers fini, nous le concevons comme infini, nous ne pouvons donc nous rendre à votre raisonnement ».

A ceux-ci on peut répondre : « d'abord il n'est pas prouvé que l'Univers soit infini ; et vous ne pouvez le concevoir au plus que comme composé d'une infinité de systèmes finis ».

Or, dans chacun de ces systèmes finis, la partie utilisable de l'énergie diminue incessamment ; il arrivera donc un moment où dans chacun d'eux il y aura suspension de toute possibilité de phénomène.

Cet argument a touché les rationalistes instruits, aussi s'efforcent-ils d'y répondre.

Tout d'abord ils ont dit : « L'Univers, tel qu'il est aujourd'hui, pourrait n'être que la répétition d'une série infinie d'univers antérieurs ; les systèmes solaires successifs, par suite de chocs réciproques, ont été gazéifiés et réduits à l'état de nébuleuses, puis ils se sont reconstitués par suite d'un refroidissement gradué ».

Mais cette hypothèse a été radicalement détruite par M. Hirn (1). Ce savant a démontré, en effet, que

---

(1) HIRN, *Constitution de l'espace céleste,* 1889, p. 36-37.

la chaleur développée par le choc de deux soleils ne pourrait jamais être égale à la chaleur d'où ces soleils sont nés ; à chaque rencontre la quantité de chaleur produite devrait donc aller en diminuant, par suite la répétition à l'infini est impossible.

En 1910, M. Svante Arrhenius (1) tente, en se passant de Dieu, d'expliquer l'éternité du mouvement dans l'univers éternel.

M. Svante Arrhenius reconnaît bien que la chaleur (forme dégradée de l'énergie, il ne faut pas l'oublier) passant des corps les plus chauds aux corps les plus froids, l'équilibre doit s'établir tôt ou tard et aboutir pour l'ensemble des mondes à la mort calorifique, de même les masses poussiéreuses envoyées au loin par les soleils seraient perdues dans l'infini. Aussi l'évolution des mondes devrait depuis longtemps avoir trouvé sa fin par suite d'un anéantissement de la matière et de l'énergie.

Mais comme les mondes existent, et qu'il ne veut à aucun prix supposer que la matière n'ait pas été en mouvement de toute éternité, parce que sans cela il faudrait nécessairement admettre un premier moteur, M. Svante Arrhenius en conclut que les principes de la dégradation de l'énergie ne sont pas applicables dans tous les cas, et il attribue aux nébuleuses la propriété de récupérer en quelque sorte la matière et l'énergie gaspillée par les soleils.

Dans les parties froides gazeuzes très diluées des nébuleuses *se trouverait* ! l'élément qui fait équilibre

---

(1) SVANTE ARRHENIUS, *L'évolution des mondes*, traduction CEYRIG, Paris, 1910. Voir aussi le compte rendu de cet ouvrage publié par M. PAUL LEMOINE dans la *Revue scientifique*, 1er semestre 1911, p. 689.

à la prodigalité des soleils dans leur dépense de matière et d'énergie. Les masses poussiéreuses émises par les soleils après avoir absorbé la radiation solaire, abandonneraient leur chaleur aux molécules gazeuses contre lesquelles elles viennent se heurter.

C'est ainsi que tout rayon calorifique venant d'un soleil serait absorbé et que l'énergie qu'il transporte serait transmise aux éléments gazeux de la nébuleuse, soleil en formation. En même temps, le froid intense permettrait à la matière de s'agglomérer à nouveau.

Pour compléter sa théorie, M. S. Arrhenius se préoccupe aussi d'assurer la perpétuité des nébuleuses dans l'univers. Suivant lui, elles pourraient être produites par la rencontre de deux soleils qui, à force de voguer dans l'espace pendant des temps très longs, doivent finir par se rencontrer.

M. S. Arrhenius arrive ainsi à concevoir une alternance régulière entre l'état de nébuleuse et celui de soleil, qui aurait lieu suivant un système uniforme pendant des espaces de temps incalculables.

Par cette action de compensation entre pesanteur et radiation, ainsi que par des échanges de température et de concentration de la chaleur, l'évolution du monde parcourrait un cycle perpétuel sans commencement ni fin.

Discuter la théorie de M. S. Arrhenius n'est pas chose commode parce que les calculs sur lesquels il s'appuie partent de trop nombreuses hypothèses. Les expressions : *il est possible, peut, pourrait, si*, etc., parsèment l'exposé de M. S. Arrhenius, et c'est la preuve de sa loyauté scientifique, précisément aux passages les plus intéressants.

On sait que la chaleur tend toujours à passer d'un

corps plus chaud à un corps moins chaud ; c'est pourquoi Clausius a pu établir que l'entropie (1) de l'univers tend vers un maximum et que quand il sera atteint, l'équilibre régnant alors dans tout l'univers, ce sera la mort calorifiqiue, la vie cessera.

Suivant M. S. Arrhenius, les nébuleuses réaliseraient cette condition absolument exceptionnelle dans l'univers : la chaleur passant d'un corps moins chaud à un corps plus chaud, d'où diminution de l'entropie et par suite régénération d'énergie.

Dans les nébuleuses, il y a de nombreux corps immergés qui grâce à la température très basse condenseraient puissamment les gaz autour d'eux et qui par suite atteindraient une température supérieure, continuellement augmentée par l'absorption de l'énergie des radiations moins chaudes échappées des soleils, « ce sont ces corps qui consti-
» tueraient l'élément du mécanisme de l'univers
» qui fait équilibre à la prodigalité des soleils dans
» leur dépense de matière et de force (2). »

« Lane a prouvé... que la température d'une
» nébuleuse... augmente si, par suite d'une perte de
» chaleur elle se condense. Lui parvient-il, au con-
» traire, de la chaleur d'une source de température
» extérieure, elle se dilatera et sa température
» diminuera. Il est probable qu'un astre de cette
» sorte perd de la chaleur et augmente graduellement

---

(1) On entend par **entropie** la quantité de chaleur contenue dans un corps divisée par son degré absolu de température. La température absolue d'un corps est sa température centigrade plus 273° degrés ; le 0 absolu étant — 273°.

(2) Svante Arrhenius, *ibid.* p. 223.

» sa température jusqu'à ce qu'il se transforme en
» une étoile (1). »

L'entropie après avoir diminué, si l'hypothèse de M. S. Arrhenius est exacte, finit donc, en définitive, par augmenter dans toute nébuleuse.

Des nébuleuses doivent, suivant M S. Arrhenius se former continuellement pour remplacer celles qui sont devenues des étoiles. Que de nouvelles nébuleuses, filles des débris des astres morts, se constituent continuellement dans l'univers, cela est très possible ; mais la masse et le nombre de ces nouvelles nébuleuses n'ont-ils pas une tendance à diminuer; c'est là ce qu'il faudrait connaître, puisque tant que cette question ne sera pas résolue, la possibilité de la durée seulement *indéfinie* de l'univers ne peut être démontrée.

M. S. Arrhenius, en exposant son hypothèse, paraît être hanté par des préoccupations étrangères à la science : il veut absolument, *a priori*, qu'un cycle existe dans l'évolution des mondes. « Cela est
» manifestement nécessaire, écrit-il, si un système
» quelconque doit indéfiniment avoir une exis-
» tence (2). »

En toute vérité, le désir, si grand qu'il puisse être, de se passer de Dieu, ne saurait en aucun cas suffire à justifier une théorie, surtout une théorie scientifique.

On arrive encore à des conclusions entièrement favorables à la doctrine spiritualiste avec

---

(1) SVANTE ARRHENIUS, *ibid.* p. 213.
(2) *Ibid.* p. 222.

l'hypothèse admise aujourd'hui par certains savants qui en sont venus à regarder la matière concrète, celle que nous avons sous les yeux, comme une simple apparence dont l'électricité est physiquement la base réelle, et à penser que l'atome élémentaire du chimiste, qui échappe à la perception directe des sens, ne serait autre chose qu'un groupement de monades électriques ou électrons, qui ne seraient pas de la matière électrisée, mais l'électricité elle-même. Ces groupements différeraient entre eux par le nombre des électrons dont ils seraient formés, par leur arrangement, par leurs mouvements par rapport l'un avec l'autre et avec l'éther (matière impondérable remplissant l'Univers), de ces différences dépendraient les diverses apparences de ce qui a été jusqu'ici regardé comme l'atome, et par suite les qualités et propriétés qui distinguent les uns des autres tous les éléments connus.

D'après J.-J. Thomson, on devrait considérer l'atome comme composé d'électrons négatifs distribués dans une sphère chargée d'électricité positive.

Il se pourrait aussi, comme l'a suggéré le professeur Larmor, que les électrons ne soient qu'une modification de l'éther universel, modification comparable, *grosso modo*, à un nœud ou à une torsion.

Quelle que soit celle de ces théories que l'on accepte, il est certain que les électrons ne peuvent être séparés de l'éther ; c'est de leur action et de leurs réactions vis-à-vis de l'éther que dépendent leurs qualités.

Et dans l'atome, les électrons ne seraient pas immobiles ; d'après certaine hypothèse, ils y seraient répartis en de nombreux systèmes, comparables chacun au système solaire, dans lesquels ils évolueraient autour de deux foyers en obéissant aux lois de Képler ; la matière nous paraîtrait d'autant plus dure que ces tourbillons d'électrons seraient animés d'une vitesse plus grande.

La matière brute, ainsi comprise, aurait donc une énergie propre ; même quand elle semble inerte au point de vue extérieur, ses éléments individuels seraient le théâtre de mouvements violents quoique non apparents.

L'énergie propre, *cause de la matière brute*, n'est pas disponible, ne peut être déplacée pour produire des phénomènes ; mais cependant si par suite de certaines circonstances il arrivait que, mise en liberté, elle pût être utilisée et le soit : d'une part, l'énergie ainsi dégagée se dégraderait comme toute énergie dans les mêmes conditions ; d'autre part, la matière brute disloquée, évanouie dans l'espace, rentrerait dans l'éther.

Cette dernière hypothèse paraît être réalisée, en quelque sorte, par les corps radioactifs.

« Les éléments radioactifs ne sont pas permanents,
» ils se désintègrent graduellement en éléments de
» poids atomiques inférieurs ; l'uranium par exemple,
» se détruit lentement, l'un de ses produits de des-
» truction étant le radium, tandis que le radium se
» détruit à son tour en donnant naissance à un gaz
» radioactif, appelé émanation du radium, l'émana-
» tion produit d'autres substances et ainsi de suite.

« Les radiations sont comme une sorte de chant
» du cygne que les atomes exhalent en passant
» d'une forme à une autre ; c'est par exemple, quand
» un atome de radium se détruit et qu'un atome

» d'émanation apparaît, que sont produits les
» rayons qui constituent la radioactivité.

« Ainsi les atomes des éléments radioactifs ne
» sont pas immortels, ils meurent après une durée
» de vie dont la valeur moyenne varie de milliers
» de millions d'années dans le cas de l'uranium, à
» une seconde environ dans le cas de l'émanation
» gazeuse de l'actinium.

« En passant d'un état à un autre, les atomes
» libèrent de grandes quantités d'énergie ; par
» conséquent leurs descendants n'héritent pas en
» énergie, de la totalité des richesses accumulées
» dans ces atomes, la condition de chaque génération
» nouvelle devient de moins en moins fortunée (1). »

Il est très intéressant de remarquer que les phénomènes de radioactivité se sont montrés beaucoup plus fréquents qu'on ne l'avait pensé tout d'abord et qu'il existe quelques présomptions pour qu'ils soient une propriété appartenant à toutes les substances en général ; seulement, la radioactivité serait si faible pour la plupart des corps, qu'elle ne saurait être perçue avec les appareils dont nous disposons actuellement, ils ne sont pas encore assez sensibles.

D'après ces théories nouvelles, relatives à la constitution de la matière, on doit conclure que la matière brute étant une conséquence de l'énergie (qui n'est pas éternelle), lui est nécessairement postérieure.

Une telle conclusion ne pouvait évidemment

---

(1) Sir J.-J. THOMSON. *La matière, l'énergie et l'éther. Leur structure et leur relation d'après la physique moderne.* Discours prononcé au Congrès de 1909 de l'Association britannique pour l'avancement des sciences, à Winnipeg (Canada). En partie traduit dans la *Revue scientifique* du 9 juillet 1910.

plaire aux rationalistes, aussi se sont-ils mis au travail pour essayer d'accorder leurs doctrines surannées avec les progrès de la science.

Le 30 avril 1911, M. J. Becquerel dans une conférence, très intéressante, du reste, faite au grand amphithéâtre du Muséum, a exposé comment il comprenait l'évolution de la matière et des mondes (1) en se passant de tout acte créateur.

M. J. Becquerel admet que la dégradation de l'énergie et de la matière sont la cause de la décrépitude des astres. Il est d'avis que si les vues de Clausius étaient exactes, depuis les temps infinis que le monde existe, toute énergie devrait être dégradée, à moins d'admettre qu'elle ait été produite par une création subite.

M. J. Becquerel, ne voulant à aucun prix supposer une création, se range à l'hypothèse d'Arrhenius suivant laquelle la condensation des nébuleuses serait accompagnée d'une régénération de l'énergie utilisable.

Il est admis que les transformations radioactives consistent en une dégradation des éléments ; les atomes lourds des corps radioactifs donnent, en perdant de l'énergie, naissance à des atomes plus simples ; les termes ultimes de ces transformations seraient peut-être l'hélium et l'hydrogène.

D'après sir Norman Lockyer, les nébuleuses sont produites par des essaims de débris cosmiques auxquels viennent s'ajouter les gaz disséminés dans l'espace parmi lesquels dominent l'hydrogène et l'hélium.

(1) Conférence publiée par la *Revue scientifique*, N° 21, 2ᵉ Sem. 1911.

Les nébuleuses se condensent et en même temps d'excessivement froide qu'elle était, leur température s'élève ; les nébuleuses deviennent des étoiles dans lesquelles la température atteint un maximum, puis diminue progressivement.

Au spectroscope on n'a guère pu constater dans les nébuleuses que la présence de l'hélium et de l'hydrogène, seuls éléments qui restent gazeux aux très basses températures.

L'analyse spectrale révèle encore de l'hélium et de l'hydrogène en quantité notable dans les soleils puis, à mesure que ceux-ci se refroidissent, ces gaz disparaissent pour faire place à des éléments plus complexes de poids atomiques croissants.

On pourrait donc supposer qu'un phénomène contraire à la radioactivité, qu'une évolution inverse de la dégradation se poursuivrait à mesure que s'effectue la condensation des nébuleuses.

Se basant sur ces considérations, M. J. Becquerel admet que l'hélium et l'hydrogène, sortis de la matière désintégrée s'échappent peu à peu des atmosphères. Cette lente évaporation ramène, suivant lui, dans les espaces célestes la matière primitive qui, se condensant sur les fragments d'astres morts et les poussières chassées par les radiations de tous les soleils de l'Univers, forment les nébuleuses qui se transforment en étoiles. Ce processus devant être accompagné d'une régénération de l'énergie.

Puis commence la décrépitude, les étoiles deviennent des planètes, l'énergie se dégrade, la matière se désintègre, les planètes finissent par mourir par évaporation de la matière désintégrée et le cycle recommence.

Donc, si les mondes meurent, c'est toujours pour faire place à des mondes nouveaux.

Et M. J. Becquerel conclut en disant : « Il devient possible à l'évolution de l'Energie, de la Matière et des Mondes, de parcourir un cycle où nous ne voyons ni commencement ni fin. »

Quoique ils n'en prononcent pas le nom, M. J. Becquerel et M. Svante Arrhenius, ressuscitent en définitive l'utopie du mouvement perpétuel.

Dans la belle conférence de M. J. Becquerel on trouve :

1°. — Des faits basés sur des observations scientifiques très sérieuses : telle l'évolution ascendante de la matière en partant de l'hydrogène et telle son évolution descendante aboutissant à l'hélium et à l'hydrogène.

2°. — Deux hypothèses : a) Les nébuleuses ne sont pas des restes de la nébuleuse primitive, mais se forment continuellement avec des débris cosmiques et des émanations de la matière désintégrée. b — La condensation des nébuleuses est accompagnée d'une régénération de l'énergie utilisable.

En réalité, un spiritualiste peut très bien admettre que toutes les nébuleuses ne sont pas des restes de la nébuleuse primitive, qu'il est possible que de nouvelles nébuleuses se forment encore, que lors de leur condensation, de l'énergie puis de la matière se régénèrent et soutenir l'hypothèse que le retour de toute la matière à l'éther, conséquence de la dégradation de l'énergie, n'arrive qu'après des oscillations d'amplitude toujours décroissante.

En effet, il n'est pas démontré que les quantités d'énergie et de matière supposées reconstituées soient égales aux quantités d'énergie dégradée et de matière désintégrée, condition indispensable pour que les répétitions à l'infini deviennent possibles.

Les hypothèses, pour le moment en faveur, sur la constitution de la matière, sa formation et sa désintégration, si bien étayées par les observations faites sur les astres (par sir Norman Lockyer en particulier (1) et les corps radioactifs, ne sont cependant pas faites pour déplaire aux spiritualistes, bien au contraire elles doivent les réjouir.

DIEU *crée l'éther, puis l'énergie, en vérité impulsion de* DIEU, *actionnant l'éther, donne, par une lente évolution, figure à toute matière.*

Que de milliards et de milliards de millénaires a-t-il fallu pour arriver au point où nous en sommes, que de milliards et de milliards de millénaires faudra-t-il pour que, l'énergie libérée étant absolument dégradée (puisque Dieu a voulu qu'elle se dégrade), toute matière soit rentrée dans l'éther ! qu'importe ! la durée, si grande soit-elle, n'est pas même infinitésimale en face de l'éternité.

La matière, dès sa mise en mouvement, dès son apparition si l'on admet l'hypothèse des électrons, a dû obéir à des lois, obéissance absolue et fatale ; elle est donc la subordonnée de ces lois, puisqu'elle ne peut se soustraire à leur autorité.

De même que les trois angles d'un triangle rec-

---

(1) J.-M. LOCKYER. *Inorganic évolution* (1900); trad. franc. par E. d'HOOGHE. ALCAN, éditeur

tiligne sont égaux à deux droits (1) est une loi éternelle (2), de même les lois qui commandent à la matière brute sont éternelles.

Il y a même impossibilité de concevoir que ces lois aient jamais pu être autres qu'elles ne sont, parce qu'elles expriment la vérité parfaite (qui est une), immuable et éternelle.

Perfection, immutabilité, éternité sont attributs de Dieu.

Evidemment, ces lois ne sont pas Dieu, mais elles sont un rayonnement de Dieu, le manifestent et, par suite, le prouvent.

Conclusion. — En définitive, les progrès de la science ne mettent pas les rationalistes en bonne posture vis-à-vis des spiritualistes.

En outre, ces progrès, loin de décourager un spiritualiste, ne peuvent que le réjouir, parce que toute découverte d'une nouvelle loi scientifique est pour lui un progrès dans la connaissance du Plan divin.

---

(1) Nous n'avons pas à prendre position ici dans la question de Métagéométrie relative à la somme des angles d'un triangle. Néanmoins nous pensons que si les géomètres comme les mathématiciens de l'antiquité étaient aussi libres que leurs émules de leurs conventions, à la condition de respecter la logique (« leurs constructions étaient plus voisines de la réalité objective. » Cf. EDMOND BOUTY. *La vérité scientifique*, p. 128.)

(2) La géométrie reste « la connaissance de ce qui est toujours, non de ce qui naît et périt ». MILHAUD, *Le Rationnel, études complémentaires à l'essai sur la certitude logique*, p. 128, 1898, Paris, F. Alcan.

Les théorèmes géométriques sont tels qu' « il nous est impossible de concevoir le contraire ». L. LIARD, *Des définitions géométriques et des définitions empiriques*, p. 103, Paris, F. Alcan.

Ces deux citations ont été prises dans : *Les limites de la biologie* de J. GRASSET, p. 130, 1906, Paris, F. Alcan.

Aussi, quand un progrès de la science oblige le rationaliste à convenir que, jusqu'à un certain point, il s'est trompé, puisque dès le début, sa raison, dont il est si fier, n'a pas su découvrir les liens qui rattachent les phénomènes entre eux, le spiritualiste qui reconnait une intelligence supérieure à la sienne, puisque elle est infinie, et qui lui attribue l'ordonnancement de l'Univers, ne peut qu'admirer, à chaque découverte scientifique, la sagesse de la toute-puissance divine ; et, loin d'être déçu, il a un nouveau motif d'adorer et de louer Dieu, qui a bien voulu permettre à l'homme de se rapprocher encore un peu plus de Lui en comprenant mieux sa Pensée.

§ b L'homme est arrivé, par des procédés scientifiques, à créer de la matière vivante.

Au sujet de l'apparition de la vie sur la terre, les rationalistes posent tout d'abord cet axiome : *scientifiquement il est impossible d'admettre que le premier être vivant (plante) soit dû à une création immédiate, à une intervention spéciale d'une cause extérieure et supérieure,* (c'est-à-dire, pour parler clair, à l'intervention de Dieu) ; mais les rationalistes se gardent bien de prononcer son nom.

Le dogme de la génération spontanée a tout d'abord résolu la question à la grande satisfaction des rationalistes ; mais les expériences de Pasteur en ayant démontré la fausseté, l'immense majorité a dû, bien à regret, l'abandonner.

Quelques-uns cependant, des philosophes, à la vérité, n'ont pu se résigner à un tel abandon, témoin M. Soury : « Il n'existe pas, écrit-il, d'autre alter-

« native pour expliquer l'origine de la vie. Qui ne
« croit pas à la génération spontanée, ou plutôt à
« l'évolution séculaire de la matière inorganique en
« matière organique, admet le miracle. C'est une
« hypothèse nécessaire, et qu'on ne saurait ruiner
« par des arguments *à priori*, ni par des expériences
« de laboratoire (1). »

Pour M. Soury, et pour beaucoup d'autres aussi, les expériences de laboratoire sont donc comptées pour rien si le miracle, si Dieu est au bout.

Après la faillite de la génération spontanée, d'autres hypothèses prennent naissance ou reviennent en faveur.

La théorie de la *panspermie cosmique*, entre autres.

D'après cette théorie, il flotte dans l'espace une multitude de parcelles solides émanant des astres ; à ces parcelles adhèrent des microorganismes susceptibles de se développer si les hasards de leur voyage céleste les font tomber sur un monde où les conditions de leur évolution sont réalisées (2).

Les cellules vivantes ont existé de toute éternité, la vie, comme la matière, n'a pas eu de commencement, elle a été constamment transportée d'un monde à un autre, tel est, en résumé, le principe fondamental de cette théorie.

(1) Préface des *Preuves du transformisme*, de HŒCKEL.
(2) Ce sont surtout les météorites charbonneuses comme celle d'Orgueil (1864) qui ont servi de base aux hypothèses des panspermistes.
Pasteur a recherché dans la météorite d'Orgueil la présence de germes. Avec une petite sonde qu'il avait inventée, il a fait des prises aseptiques de substance charbonneuse et les a ensemencées dans un bouillon de culture stérilisé.
Les résultats ont été négatifs.

Suivant M. Svante Arrhenius (1), les germes pourraient se transmettre de monde en monde avec l'aide de la lumière.

La lumière exercerait (travaux de Maxwell, expériences de Lebedeff, de Nichols et Hull) une certaine pression sur tous les corps qu'elle éclaire. Pression largement suffisante pour propulser avec une assez grande vitesse des corpuscules et les soustraire à l'action de la pesanteur, lorsqu'ils ont une circonférence égale aux deux tiers de la longueur d'onde des rayons incidents.

M. Svante Arrhenius a étudié de près les causes et les conditions de l'expulsion des germes hors d'une planète, de leur voyage dans l'infini et de leur arrivée à la surface d'une autre planète.

Au premier abord rien ne semblerait s'opposer à ce que l'hypothèse d'Arrhenius pût être l'expression de la vérité, parce que des expériences ont prouvé qu'il n'y a rien d'impossible à ce que des germes à l'état de vie puissent cheminer indéfiniment dans le vide glacial des espaces interastraux sans perdre leur pouvoir germinatif.

Cependant, M. P. Becquerel croit qu'il y a peu de probabilités pour que les germes qui voyageraient dans les espaces interplanétaires puissent rester vivants ; ils doivent en effet être tués par les rayons ultra-violets que le soleil émet en quantité énorme dans ces régions. A son tour, il démontre que, si les actions combinées du vide et du froid augmentent la

---

(1) S. Arrhénius, *L'Evolution des Mondes*. Traduction Ceyrig, Paris, 1910.
Paul Becquerel, *La panspermie interastrale devant les faits*. Revue scientifique, 1ᵉʳ semestre 1911 (N° du 18 février), p. 200.

résistance des germes à l'action mortelle des rayons ultra-violets, ils n'en finissent pas moins par succomber.

Cette considération devient encore plus inquiétante pour la théorie panspermique si, en plus de l'ultra-violet, on fait intervenir d'autres forces abiotiques, comme les rayons cathodiques, les rayons X, les violentes décharges électriques, etc., qui doivent exister dans la haute atmosphère des planètes.

Devant ces causes si nombreuses de destruction des germes, l'ensemencement des mondes entre eux deviendrait impossible.

L'hypothèse de la panspermie interastrale fût-elle démontrée vraie, la solution du problème n'en serait d'ailleurs avancée en aucune façon, puisqu'il faudrait toujours établir à l'origine la possibilité du passage de la matière minérale à la matière vivante dans un astre quelconque.

La difficulté ne serait que reculée, mais non résolue.

On peut encore citer l'hypothèse de Preyer ; ce savant considère que la matière vivante est la matière éternelle, la matière brute en dérive.

A l'origine toute la masse incandescente du globe représentait un organisme unique, gigantesque et *vivant*, la vie résidait alors dans des masses ignées en fusion, les *pyrozoaires*, comme les appelle Errera ; et quand ceux-ci se furent solidifiés, c'est-à-dire quand ils moururent et s'éteignirent, apparurent des combinaisons d'éléments jusque-là demeurés à l'état gazeux ou liquide, combinaisons qui devinrent peu à peu de plus en plus semblables au protoplasma, base de la matière vivante actuelle.

En définitive, Preyer soutient que le mouvement

de l'univers (mouvement qu'il suppose éternel) est la vie.

Mais en fin de compte, c'est encore à la génération spontanée que tendent à revenir, tels à leurs premières amours, les rationalistes même savants ; seulement ces derniers reconnaissent la nécessité d'accorder l'hypothèse de la génération spontanée avec les expériences de Pasteur qui ont démontré que, actuellement, tout être vivant provient toujours d'un autre être vivant préexistant.

C'est ainsi qu'Errera admet la génération spontanée, mais seulement à l'origine de la vie sur la terre.

Une petite masse de matière vivante aussi simple que possible, une petite masse de protoplasma capable d'assimiler se serait donc produite *une seule fois*, sur *un seul point* du globe (1), si poussant à l'extrême la théorie de l'évolution, on admettait que tout ce qui a vie dérive d'un être vivant unique.

De son côté Hœckel était d'avis que quand bien même on n'arriverait jamais à réaliser les conditions permettant à la nature inorganique d'engendrer la matière vivante, cela ne prouverait rien contre l'existence de la génération spontanée à l'origine, celle-ci étant, à ses yeux, une nécessité logique.

Aussi espérait-il qu'un jour on pourrait trouver des arguments permettant d'entrevoir la possibilité de produire dans un laboratoire la matière vivante, et

---

(1) En vérité on pourrait attribuer à cette première apparition de la matière vivante un caractère miraculeux, puisque c'est un événement extraordinaire *dérogeant* aux lois qui régissaient jusqu'alors la nature.

Mais que les bonnes âmes se rassurent, l'honneur du dogme rationaliste ne saurait être atteint pour si peu ; l'apparition de la vie sur la terre serait due au hasard, tout simplement.

alors l'hypothèse de la génération spontanée s'imposerait avec plus de force à l'esprit.

« La génération spontanée nous apparaît comme
» un inéluctable postulat. Les insuccès passés ne
» sauraient nous faire désespérer et admettre que la
» route soit sans issue », écrit Errera (1).

Le même savant ne se lasse pas de faire entendre des paroles d'espérance : « Si donc la génération
» spontanée est encore irréalisée dans nos labora-
» toires, rien ne prouve qu'elle soit à jamais irréa-
» lisable. »

M. P. Becquerel est d'avis que les premiers germes ont trouvé il y a quelque cent millions d'années, au fond de l'Océan, toutes les causes et toutes les conditions physico-chimiques nécessaires à leur formation.

Par suite de la marche de l'évolution de notre planète qui est irréversible, ces causes et ces conditions physiques et chimiques ont disparu et il est probable qu'elles ne se reproduiront plus.

Cette hypothèse est appelée *hétérogenèse* pour la distinguer de la génération spontanée.

D'après M. P. Becquerel, les travaux de Pasteur ne pourraient contredire cette conception de l'origine de la vie parce que : « Ils ne démontrent d'une
» façon irréfutable qu'une chose, c'est qu'actuelle-
» ment seules subsistent les conditions de la propa-
» gation de la vie par les germes — aussi bien pour
» les microbes que pour les animaux.

« Mais ils n'ont jamais prouvé que les anciennes
» conditions disparues de la formation des germes

---

(1) ERRERA : *Essais de philosophie botanique*. II, *A propos de génération spontanée*. Citation prise dans *La Revue générale de botanique*, p. 233, T. XIII, 1901.

» aux dépens de la matière minérale n'ont pas existé.
» Mais ils n'ont jamais signifié qu'on sera toujours
» dans l'impossibilité de retrouver dans les labora-
» toires les causes et les conditions physiques et
» chimiques de la synthèse des premières substances
vivantes (1). »

Des citations qui précèdent, il est aisé de concevoir la grande importance qu'attachent les rationalistes à la création artificielle de matière vivante avec de la matière brute.

Aussi, quels cris de joie, quel délire, quand, vers 1906, les organes d'une certaine presse annoncèrent à grand fracas une découverte extraordinaire.

Un savant, M. Stéphane Leduc, venait, disaient-ils, de créer des plantes vivantes avec du sulfate de cuivre et du ferrocyanure de potassium.

Ces plantes vivantes ! étaient exposées dans les salles de certains journaux quotidiens où tout le monde pouvait venir les voir et les admirer ; on s'écrasait à une conférence sur la biogénèse, c'est-à-dire sur la production artificielle de la vie.

En haut lieu il était même question, affirmait-on, de créer pour M. Leduc une chaire de biogénèse au Collège de France.

En réalité, les prétendues plantes vivantes n'étaient pas précisément belles à voir ; c'étaient d'informes précipités tubulaires, ayant au plus trente centimètres de hauteur et plongés dans un récipient en verre contenant la solution où s'était réalisée la réaction chimique qui les avait formés.

Et bientôt, il fallut déchanter quand on apprit

---

(1) P. BECQUEREL, *ibid.* p. 205.

que ces productions bizarres, baptisées végétaux vivants, avaient déjà été obtenues en 1865 par M. Traube qui, pour son compte, n'avait jamais eu la prétention d'avoir créé quoi que ce soit de vivant. M. Leduc avait repris les vieilles expériences de M. Traube, en employant les mêmes substances, et c'était tout.

Sans vie avant l'expérience, la matière expérimentée l'était encore après, c'est ce que démontrèrent aisément tous les savants sérieux (1).

La loyauté nous fait un devoir de reconnaître que, dans la suite, M. Leduc protesta et déclara qu'il n'avait pas été compris ; les seuls coupables auraient donc été les pseudo-savants qui inspirent beaucoup trop de journaux.

Toujours vers 1906, on annonça qu'on venait d'obtenir de la matière vivante avec du platine colloïdal ; puis un savant! de Cambridge, prétendit avoir créé des microbes en faisant agir du radium sur un bouillon de culture.

Mais bientôt on apprit que le platine colloïdal était resté du platine et que les fameux microbes de Cambridge étaient tout simplement des bulles d'air (2).

(1) Pour plus de détails, lire dans les *Annales politiques et littéraires* du 30 décembre 1906. *Le Bluff de la Création Artificielle*, spirituel article de M. G. BONNIER, membre de l'Institut.

(2) Pour montrer combien le parti pris et la haine du surnaturel aveuglent certaines gens au point de leur faire trouver dans les travaux des savants toute autre chose que ce que ceux-ci y ont mis, on peut citer les recherches de M. Lœb et celles de M. Delage sur la partogénèse expérimentale.

Ces auteurs ont cherché les moyens de déterminer le développement de l'œuf sans l'intervention de l'élément mâle chez les animaux où il intervient habituellement.

A l'aide de réactifs chimiques appropriés, ils ont obtenu le

Conclusion. — Avec de la matière brute on n'a pu, jusqu'à présent, créer de la matière vivante, telle est la vérité qui s'impose.

§ c L'homme et le singe anthropomorphe ont un ancêtre commun ; la science l'a prouvé.

Cette hypothèse qui prend dans la bouche de ceux des rationalistes qui sont ignorants la forme d'une affirmation démontrée scientifiquement, est fille de la théorie de l'évolution.

La théorie de l'évolution suppose que tous les êtres vivants, animaux et végétaux, dérivent d'un petit nombre de types primitifs, peut-être même d'un seul. A l'origine ces types étaient très simples, mais, dans la durée, sous l'influence des facteurs naturels extérieurs (hypothèse de Lamarck), ou de causes inhérentes à eux-mêmes produisant des changements dans la qualité de l'œuf, cellule initiale de tout être vivant (école de Nœgeli), leurs descendants se sont compliqués en évoluant : soit continuellement (les variations se produisant alors presque insensi-

---

développement d'œufs de l'Oursin commun et de l'Etoile de mer.

Plus récemment ils sont arrivés au même résultat en remplaçant l'action chimique par un bain électrique positif d'abord, négatif ensuite.

Il n'y a là qu'un moyen artificiel de provoquer le développement d'une cellule vivante parfaitement organisée vouée sans cela à la dégénérescence et à la mort : MM. Delage et Lœb n'ont jamais prétendu créer des êtres vivants.

Quoi qu'il en soit il en est qui, malgré tout, affirment que ces travaux ont prouvé que l'homme est arrivé à fabriquer artificiellement des êtres vivants et ne craignent pas de les invoquer quand ils s'efforcent, bien en vain par exemple, de démontrer que la Science contredit la Foi.

blement), soit par bonds (théorie de la mutation) (1).

C'est ainsi que par l'évolution les formes simples, qui avaient été, à la surface de la terre, les premières manifestations de la matière vivante, se seraient différenciées peu à peu et auraient donné naissance de proche en proche, aux formes infiniment variées qui constituent les règnes animaux et végétaux.

L'hypothèse évolutioniste désintéresse complétement la Foi : « Il n'y a pas un mot dans le texte
» sacré qui s'oppose à l'hypothèse d'une évolution ;
» rien n'est révélé sur la manière dont se sont produits
» et développés le règne végétal et le règne animal.
» On ne saurait davantage engager la tradition, car
» on est en présence d'une question nouvelle, sinon
» en elle-même, du moins avec les termes et les
» circonstances qui la caractérisent (2). »

Pourvu que Dieu soit au premier bout, et l'homme réservé, la liberté est donc entière.

Touchant l'origine de l'homme (3) les rationalistes zoologistes posent d'abord ce principe : « scientifiquement on ne peut admettre que l'homme ait apparu brusquement sur la terre » ; puis, usant, très légiti-

---

(1) La transformation des espèces par accumulation de variations insensibles, mais se produisant continuellement, est à la mutation ce qu'un plan incliné est à un escalier.

(2) Mgr Duilhé de Saint-Projet, *Apologie scientifique de la foi chrétienne*, p. 328, éd. 1899.

(3) Nous n'avons pas qualité pour rechercher si la création directe, par Dieu, du corps du premier homme doit être considérée comme une certitude de foi divine. Nous nous écarterions du reste de notre sujet, puisque nous nous proposons tout simplement d'apprendre à ceux qui l'ignorent, qu'il n'est pas scientifiquement démontré, comme beaucoup l'affirment à tort, que le corps du premier homme n'est pas le produit d'une création spéciale.

mement du reste, des ressources fournies par l'anatomie, l'embryologie et la pathologie comparées, et surtout par la paléontologie, ils ont essayé et essayent encore de résoudre la question dans le sens qu'ils désirent.

Nombreuses sont les hypothèses sorties de ces travaux, faits en partant d'une idée préconçue, mais cependant, pour la plupart, très honnêtement et avec la plus grande bonne foi, il faut le reconnaître (1).

La dernière hypothèse c'est que l'homme et les singes anthropomorphes auraient une souche commune et seraient deux rameaux divergents d'une forme simienne primitive.

Cette forme primitive le *Prothylobales* ou Gibbon primitif, aurait fourni un premier rameau qui, par les Gibbons (*Hylobales*), conduirait aux anthropo-

---

(1) Il y a cependant des exceptions, HÆCKEL par exemple : dans la première édition de son *Histoire naturelle de la création* (1868), a reproduit trois fois le même cliché pour montrer que les embryons de l'homme, du singe et du chien ne sauraient être distingués les uns des autres, et il a usé trois fois encore du même cliché pour faire voir que les embryons du chien, du poulet et de la tortue sont d'une similitude telle qu'on peut facilement les confondre.

Pour se défendre, Hæckel a allégué qu'il avait cru pouvoir reproduire la même figure pour représenter des objets semblables ; cependant il reconnaît qu'en le faisant il a commis « une sottise souverainement inconsidérée. » (*Anthropogénie*, 4me édition, 1891, conclusion apologétique.)

Le même savant accusé par ARNOLD BRASS (*Le Problème simiesque*, 1908), d'avoir, dans son ouvrage : *Le Problème de l'Homme* (1907), publié des figures modifiées d'une manière tendancieuse, a reconnu, dans un article inséré dans le *Berliner Volkszeitung* (29 décembre 1908), qu'il avait en effet été obligé d'arranger quelques figures (peut-être 6 à 8 pour 100) pour combler des lacunes sur lesquelles les faits sont muets. Hæckel s'excuse en disant que beaucoup de savants ont l'habitude de donner dans leurs ouvrages des figures un peu arrangées, schématiques comme on dit, mais il néglige d'ajouter qu'il est toujours d'usage de l'indiquer.

morphes actuels (Ourang, Chimpanzé, Gorille) et un deuxième rameau qui par le *Pithecanthropus* aurait abouti à l'homme.

Le *Pithecanthropus erectus* dont quelques restes (calotte cranienne, un fémur, deux dents molaires) ont été trouvés par M. Dubois, à Java, en 1891, était en effet, il y a peu de temps encore, considéré par beaucoup de zoologistes (tous rationalistes bien entendu) comme une des formes de transition qui devaient être intercalées entre l'Homme et le Gibbon primitif.

Mais si l'on considère qu'il n'est pas prouvé que les quatre fragments que l'on possède appartiennent au même individu, si l'on continue à considérer l'état de ces fragments et l'incertitude où l'on était de l'âge du terrain dans lequel ils ont été recueillis (ce devait être une couche pliocène *supposait* M. Dubois), on conçoit qu'il était bien téméraire de s'appuyer sur des documents aussi insuffisants pour affirmer ou infirmer quoi que ce soit.

Tel était du reste l'avis de beaucoup de savants et en particulier du célèbre positiviste de Berlin Rodolphe Wirchow, savant très considéré.

Wirchow termine ainsi une étude critique sur le fossile de Java : « Je ne puis admettre que dans le
» *Pithecanthropus erectus* on ait trouvé le trait
» d'union entre le singe et l'homme... Sans doute
» cette trouvaille est une des plus surprenantes que
» l'on ait faites depuis longtemps, mais, à la considérer
» sans parti pris, elle ne résout pas l'énigme de la
» descendance de l'homme (1). »

(1) Traduction de la *Revue des Revues*, 15 décembre 1895.

Plus récemment, M. Houzé, de l'Université de Bruxelles, après un examen approfondi des fragments découverts par M. Dubois, avait conclu qu'ils étaient humains, et la suite lui a donné raison.

La question est maintenant définitivement tranchée, mais non dans le sens tant souhaité par les rationalistes.

En 1906, M. Voltz est allé étudier *sur place* le terrain dans lequel le *Pithecanthropus* avait été découvert et il a reconnu que ce terrain appartenait au quaternaire.

Le *Pithecanthropus* ayant été contemporain de l'homme ne pouvait donc être son ancêtre.

Aussi, en 1907, l'enthousiasme, un peu refroidi depuis le voyage de M. Voltz, se ravive-t-il, et de nouveau il est proche du délire dans le camp matérialiste, quand le squelette de la Chapelle-aux-Saints fut découvert par MM. les *abbés* A. et J. Bouyssonie et L. Bardon.

A en croire beaucoup de journaux, il n'y avait plus à y revenir, « l'homme singe » était définitivement trouvé.

Avec un empressement digne d'éloges, les abbés avaient confié leur découverte à M. Boule, directeur du laboratoire de paléontologie du Muséum.

Le résultat de l'examen fut que le squelette de la Chapelle-aux-Saints complétait seulement les documents connus au sujet d'hommes préhistoriques qui ne sont pas de l'âge le plus reculé que l'on connaisse à l'humanité.

« Ce qui prouve qu'il s'agit en l'espèce d'un crâne
» humain, c'est que l'on est venu dire à l'Académie

» que ce fameux spécimen est tout à fait analogue
» au crâne du chancelier Bismarck (1) ! »

En 1910, le Docteur Capitan et M. Perrony communiquent à l'Académie des Inscriptions et Belles-Lettres la découverte qu'ils viennent de faire à la Ferrasserie (Dordogne) d'un squelette humain *fossile* qui semble être celui d'une femme.

Déjà en novembre 1909, un autre squelette du même ordre avait été découvert dans la même couche de terrain, et tout à côté (cinquante centimètres).

Ces ossements présentent des analogies évidentes avec le squelette trouvé à la Chapelle-aux-Saints, qui du reste est situé dans la même région (2).

Le document qui, jusqu'alors, paraît le plus intéressant, a été découvert en 1907. C'est une mâchoire épaisse, bestiale, assez simiesque, dans laquelle sont implantées de petites dents semblables à celles d'un homme.

La découverte de cette mâchoire a été faite à Heidelberg par M. Schœtensack, dans un terrain certainement plus ancien qu'aucun de ceux où l'on a trouvé des débris humains.

Cette trouvaille est venue ranimer une fois de plus la joie, toujours délirante mais en définitive toujours déçue, des rationalistes ; pour combien de temps, Dieu seul le sait.

Cependant, en dépit de la mâchoire de Heidelberg,

---

(1) G. Bonnier, *Les nouvelles découvertes relatives à l'homme préhistorique*, Annales politiques et littéraires, 22 août 1909.

(2) Il n'est pas sans intérêt de faire observer que les squelettes de la Chapelle-aux-Saints et de la Ferrasserie avaient appartenu à des corps *inhumés*, vraisemblablement même, selon certains rites.

pour les savants indépendants et clairvoyants, même pour ceux d'entre eux qui pourraient être positivistes, l'origine de l'humanité « malgré tout reste encore entourée des ténèbres les plus obscures (1) ».

Conclusion : — Il est donc faux d'affirmer qu'il est acquis pour la science que l'homme et le singe anthropomorphe ont un ancêtre commun, que la science a démontré sans appel possible, par des preuves irréfutables, que l'homme n'est pas le produit d'une création spéciale.

---

(1) G. BONNIER, *ibid.*, 1909.

CHAPITRE II

La Science ne nie pas le miracle à priori, elle a reconnu à posteriori que devant elle aucun miracle n'arrive.

Cette formule, malgré son apparence scientifique et modérée, n'est en réalité pas plus légitime que la phrase brutale et nette : « La Science a prouvé l'impossibilité du miracle. »

Beaucoup de gens qui oublient que les seuls miracles mentionnés dans l'Ecriture Sainte s'imposent à notre foi, s'imaginent que tout phénomène extraordinaire, dès qu'il se produit dans une certaine atmosphère mystique, est classé d'emblée par les gens d'Eglise dans la catégorie des miracles (1).

---

(1) Nous n'aborderons pas ici l'étude des miracles rapportés dans l'Ancien et dans le Nouveau Testament, car nous tenons à ne pas quitter le terrain scientifique et à éviter de discuter des faits éloignés de nous.

Avec le théologien nous considérerons dans le miracle la dérogation aux lois de la nature ; mais nous n'y chercherons pas dès le début la signature de Dieu.

Au lieu de placer Dieu au début, nous nous contenterons d'aboutir à Lui, nous négligerons le domaine de la métaphysique pure pour nous cantonner dans le monde physique ; car nous tenons uniquement à faire remarquer qu'il existe actuellement des faits anormaux, que tous peuvent contrôler au moyen des méthodes scientifiques et des instruments de laboratoire.

Biologistes, médecins et naturalistes peuvent s'édifier au contact des miracles de Lourdes.

Leur expérience personnelle et l'histoire de ces derniers siècles devraient pourtant les édifier sur ce point.

Mais les nombreuses guérisons obtenues à Lourdes, où ensuite de prières adressées à Notre-Dame de Lourdes, et dont le caractère anormal a été dûment constaté par des gens compétents, quelques-unes ont été admises, par l'autorité ecclésiastique locale, comme faits évidemment miraculeux. D'autres phénomènes extraordinaires enrobés de certain mystère, tels ceux qui se produisirent il y a environ quinze ans à Tilly, n'ont pas obtenu de l'autorité ecclésiastique une sanction favorable.

Car l'Eglise est, en face de l'extraordinaire, la gent la plus sage ; elle n'a pas la nervosité des foules, elle sait où doit commencer et finir son action, et, en cette matière, jamais elle ne remplit un rôle qui n'est pas le sien. Elle reporte tout à Dieu et comme fin et comme cause, elle a Dieu avec elle ; mais elle attend de Lui « sa marque authentique » quand éventuellement Il déroge aux lois physiques qu'Il a établies.

Toutefois, l'Eglise limite son action de contrôle et d'examen aux seuls faits qui peuvent intéresser la foi ou la piété, son seul but étant d'empêcher que, sous ce rapport, ses enfants dévient vers l'erreur.

Si elle juge opportun d'étudier un fait ou une série de phénomènes, elle recourt toujours à la méthode scientifique, qui consiste surtout à distinguer l'essentiel de l'accessoire, l'homogène de l'hétérogène.

Devant un fait extraordinaire enveloppé de circonstances particulières, des personnes pieuses peuvent crier hâtivement « au miracle », parce que elles ont cru y entrevoir « le doigt » de Dieu, alors que d'autres n'apercevront, comme liaison entre le fait et le milieu où il est situé, que des coïncidences fortuites, tout repère certain leur faisant défaut, en ce qui concerne la relation de l'effet à la cause.

L'Eglise au contraire se comporte comme un savant consciencieux qui s'assure d'abord que l'on ne se fait pas illusion en ce qui concerne la réalité de la dérogation prétendue aux lois physiques. Elle fait donc fixer le caractère extranaturel (1) du phénomène ; et c'est précisément parce que l'Eglise, prenant le fait tel qu'il est, commence par en déterminer les anomalies, que tout homme sincère doit admettre au moins l'existence de tel fait extraordinaire ou, selon le cas, de telle série de faits anormaux.

Dès que la contradiction avec les lois ordinaires de la nature du phénomène examiné est établie, l'Eglise détermine, au moyen des critères qui constituent sa méthode scientifique, s'il y a ou s'il n'y a pas miracle.

Mais cette intervention de l'Eglise ne peut s'étendre qu'à tels phénomènes ou telle série de phénomènes pouvant influer sur notre foi et notre religion en général.

Le miracle est ordinairement la marque par laquelle Dieu authentique un enseignement, une révélation, la mission de ses envoyés ; dès lors, tout homme de bonne foi doit pouvoir le reconnaître et y trouver la preuve facile et en quelque sorte évidente de

---

(1) Nous ne préjugeons pas ici du caractère surnaturel d'un événement, car pour nous extranaturel équivaut à extraordinaire et à anormal.

l'intervention divine (1). Il n'est donc pas nécessaire que l'Eglise ait parlé pour que tout homme puisse saisir le caractère miraculeux d'un événement.

Mais dès que cela peut intéresser la foi ou la piété chrétienne, ainsi que cela eut lieu au sujet des prodiges qui se produisirent au XVIIIe siècle, sur la tombe du diacre janséniste Pâris (2), l'Eglise seule a qualité pour dire à ses enfants si les faits soumis à son examen sont de Dieu et si les fidèles peuvent en faire la base ou le point de départ de leurs pratiques pieuses.

De ce que l'Eglise intervient parfois ainsi, il ne faut pas croire qu'elle craigne le contrôle des savants. Tous les savants qui manifestent le désir de soumettre à l'investigation scientifique les miracles modernes (il y a encore des miracles, et il y en aura toujours, si telle est la volonté de Dieu) ont toutes facilités pour mener à bien leur étude, et c'est avec plaisir que leur contrôle est accepté (3).

(1) Dieu étant l'auteur de tout miracle, il est trop souvent aussi impossible de discuter la question du miracle avec des matérialistes que de vouloir parler de géométrie avec quelqu'un qui n'admettrait pas les principes fondamentaux de cette science. Car si avec un matérialiste on peut établir le fait, ses conditions, rechercher ses causes, déterminer son caractère ; dès qu'on arrive à la conclusion logique de l'intervention divine, le matérialiste remet aussitôt tout en question, parce que *à priori* il se refuse d'admettre l'existence de Dieu.

(2) Cf. le cas de la demoiselle Coïron, survenu en 1731, cité par Charcot. Nous devons noter que la guérison ne fut pas instantanée, car la plaie mit dix-huit jours à cicatriser et la convalescence dura quarante-huit jours. Cité par le D^r LE FUR dans un article sur *Lourdes et les médecins* (Bulletin de la Société médicale de St Luc, St Côme et St Damien, 1901, p. 181).

(3) Le miracle étant un fait qui s'impose de lui-même, nous laissons de côté la question de la possibilité du miracle qui est essentiellement métaphysique.

En effet, l'Eglise n'est pas, comme on se plaît à le dire en certains milieux, une coterie à idées préconçues sur le système du monde, son organisation intime, ses ressources cachées. Elle affirme seulement que Dieu peut, à son gré, suspendre telle ou telle loi physique qu'il lui plaît ; et c'est autant par ses anomalies que par l'harmonie de son ensemble que l'Univers nous révèle la Toute-Puissance de Dieu et sa Providence.

Pour savoir si tel ou tel phénomène contredit réellement aux lois générales de la nature, l'Eglise n'hésite pas à demander l'avis de ceux qui ont pris pour sujet exclusif de leurs recherches l'organisation physique du monde et ses lois.

Puisque la piété chrétienne et la conduite des fidèles y sont intéressées, on conçoit que si, en un lieu quelconque, les phénomènes d'allure miraculeuse deviennent fréquents, l'autorité ecclésiastique légitimement compétente n'hésite pas à y établir un vrai tribunal, où la prudence et la lenteur à définir sont deux grandes lois.

C'est ainsi qu'à Lourdes (1) le bureau des constatations médicales fonctionne depuis 1882. Il a été visité par plus de trois mille (3.000) médecins de tous les pays. Des membres de l'Académie de Méde-

---

(1) Sur Lourdes lire :

HENRI LASSERRE : *Notre-Dame de Lourdes*, Paris, V. Palmé, 1870.

G. BERTRIN, *Histoire critique des événements de Lourdes apparitions et guérisons*, Paris, V. Lecoffre, 1910.

Dr RENÉ LE FUR, *Lourdes et les médecins*. Bulletin de la Société médicale de St Luc, St Côme et St Damien, p. 174, 1901.

Dr BOISSARIE, *Les grandes guérisons de Lourdes*.

Dr DE GRANDMAISON DE BRUNO, *Vingt guérisons à Lourdes discutées médicalement*, Paris, G. Beauchesne, 1912.

cine, des professeurs des Facultés de Médecine françaises et étrangères, des médecins des hôpitaux, etc. ont fréquenté cette clinique où tous sont admis, si hostiles qu'ils puissent être au surnaturel.

Ecartant les maladies purement nerveuses guéries à Lourdes (hystérie, épilepsie, paralysie, aphonie, etc.) ne considérons que les affections chirurgicales, et parmi celles-ci, les lésions traumatiques (plaies, fractures), ou organiques (tuberculoses osseuses ou articulaires, coxalgies suppurées, maux de Pott).

Est-il besoin de rappeler le cas si probant de Pierre de Rudder? Il avait la jambe gauche atteinte d'une fracture (le tibia et le péroné étaient cassés), vieille de huit ans, non consolidée, compliquée de plaies multiples. A la grotte de Lourdes d'Oostacker, près de Gand, où il était allé implorer sa guérison, la consolidation osseuse se fait *instantanément* et les plaies se referment (7 avril 1875). Les médecins traitants constatent et certifient *par écrit* la guérison.

Après la mort de Pierre de Rudder (sa guérison datait alors de vingt-trois ans), l'autopsie fit voir que le tibia et le péronés de la jambe gauche se sont *reconstitués sur une longueur de trois centimètres*, et la guérison avait été *instantanée*.

A Lourdes même on peut, entre beaucoup d'autres, citer le cas de Marie Lemarchand, l'Elisa Rouquet, de Zola (énorme lupus ayant détruit presque toute la face), de Joachim Dehaut (plaie volumineuse et très profonde de la jambe, allant jusqu'à l'os), de Clémentine Trouvé, la Sophie Couteau de Zola (plaie du talon avec carie du calcaneum), de Marie Briffaut, Charles Bron (coxalgies), de Jeanne Gasteau (mal de Pott avec abcès et tuberculose pulmonaire), de Léonie Chartron (mal de Pott compliqué de paraplégie), de Catherine Lapeyre (cancer ulcéré de la langue), de Marie Moreau (cancer ulcéré du sein), etc., tous atteints de lésions graves et profondes guérissant cependant *instantanément, complètement* et *définitivement*.

La guérison des malades atteints de lésions internes, que l'on ne peut apprécier par un examen direct, paraît au premier abord moins convaincante ; cependant, il est des cas où la maladie et la guérison peuvent être constatées scientifiquement.

Voici, par exemple, le cas de Marie Bonin, atteinte depuis trois ans d'une tuberculose rénale gauche, guérie *instantanément* à Lourdes en octobre 1910.

Avant la guérison l'analyse de l'urine de la malade révélait : pus et sang : hyperphosphaturie ; après la guérison l'analyse indiquait : plus de pus, plus de sang : hypophosphanine.

C'est la guérison de Marie Bonin constatée scientifiquement, et cependant ce n'est que dans trois ans seulement, si elle se maintient, que son caractère miraculeux pourra être reconnu officiellement par le Bureau des constatations de Lourdes (1).

On est non seulement très honnête, mais encore très prudent à la clinique de Lourdes. La guérison une fois constatée tout n'est pas fini. Le bureau des constatations suit le sujet pendant plusieurs années, le fait revenir si possible, et souvent c'est seulement après quatre, cinq ou même six ans de bonne santé,

---

(1) S. G. Mgr l'Evêque de Tarbes a imposé à ce bureau des règles sévères d'une prudente et sage réserve ; mais elles ne concernent que lui.

que la guérison miraculeuse est officiellement constatée.

A Lourdes, *les plaies les plus étendues et les plus profondes peuvent se guérir instantanément et définitivement*, voilà le fait acquis.

Dans son *Traité de la suggestion appliquée à la thérapeutique*, le docteur Bernheim, professeur à la Faculté de médecine de Nancy, écrit : « En relatant
» ces observations de guérisons authentiques, obte-
» nues à Lourdes ; en essayant au nom de la science
» de les dépouiller de leur caractère miraculeux ; en
» comparant, à ce point de vue seul, la suggestion
» hypnotique avec la suggestion religieuse, je n'en-
» tends ni attaquer la foi religieuse, ni blesser le
» sentiment religieux.

« Toutes ces observations ont été recueillies avec
» sincérité, et contrôlées par des hommes honorables.
» Les faits existent ; l'interprétation seule est erronée (1). »

Comparer, à propos des guérisons qui viennent d'être signalées, la suggestion religieuse avec la suggestion hypnotique est absolument hors de saison, n'a aucune raison d'être et voici pourquoi, d'après M. le Docteur Bernheim lui-même, la suggestion n'a rien à y voir :

« La suggestion ne peut réduire un membre luxé,
» dégonfler une articulation gonflée par le rhuma-
» tisme, restaurer la substance cérébrale détruite (2). »

Et encore :

« Il ne faut pas exagérer : le rôle direct de la

---

(1) Cité dans les *Etudes religieuses*, vol. 51, p. 367-368.
(2) BERNHEIM, *Hypnotisme, suggestion, psychothérapie*. Paris, 1903, 2ᵉ édition, p. 321-322.

— 57 —

» psychothérapie contre les lésions organiques est
» restreint. On ne peut ni résoudre une inflammation,
» ni arrêter l'évolution d'une tumeur ou d'un pro-
» cessus de la sclérose. La suggestion ne tue pas les
» microbes, elle ne cicatrise pas l'ulcère rond de
» l'estomac. » On ne suggère pas non plus « aux
tubercules de disparaître (1) ».

Pourrait-on, du reste, supposer qu'une guérison
est obtenue par suggestion quand elle intéresse des
petits enfants de quelques mois? Yvonne Aumaître,
par exemple, plongée dans l'eau miraculeuse malgré
ses cris, en sort guérie d'un double pied bot ; Pierre
Estournet, encore au sein, dont les yeux malades
sont guéris, et bien d'autres encore.

Pourquoi donc M. le Dr Bernheim se croit-il obligé
de dépouiller, *au nom de la science*, les guérisons de
Lourdes de leur caractère miraculeux? Il devrait
pourtant bien savoir que les spéculations métaphysiques et théologiques ne sont pas du domaine
de la science et qu'alors il n'a pas le droit de conclure
en son nom à l'impossibilité du miracle ; surtout lui,
Dr Bernheim, qui très familier avec les procédés de
l'investigation scientifique a une vision bien nette de
son domaine.

Le rationaliste aurait-il donc troublé le savant et
lui aurait-il imposé sa manière de voir?

Beaucoup d'agnostiques refusent de reconnaître
dans les miracles admis par l'Eglise une preuve du

---

(1) *Ibid.* p. 325.

surnaturel, prétextant que les religions païennes ont eu elles aussi des miracles.

On rapporte, en effet, que des miracles et des guérisons miraculeuses auraient été obtenus à la suite de prières faites dans les temples païens, en particulier dans ceux d'Esculape, ainsi qu'en témoignent les *ex-voto* retrouvés lors des fouilles faites dans ces temples.

Ces découvertes ne peuvent infirmer en rien le caractère surnaturel des miracles dont bénéficient les chrétiens, ni être mises sur le pied des faits extraordinaires qui sont la signature de Dieu se révélant aux âmes de bonne volonté.

Les documents invoqués sont des *ex-voto* ; seuls ils témoignent de l'authenticité de tel ou tel miracle. Nous ne saurions admettre qu'un ex-voto suffise à prouver un fait miraculeux.

En effet, dans tous les sanctuaires un peu fréquentés, ne voit-on pas, de nos jours, des personnes pieuses apporter de ci, de là une plaque où l'on peut lire : « Acte de Reconnaissance en souvenir d'un examen » ou « un Bachelier reconnaissant » ; d'autres fois on y lit : « Guérison obtenue » puis une date et des initiales.

Pour ce qui concerne les *ex-voto* des bacheliers, on nous accordera sans peine, qu'il n'y a rien dans l'événement ainsi rappelé qui dépasse les forces de la nature, car la réussite répond à un effort normal qui n'a rien de surhumain.

Restent les guérisons. Elles peuvent être réellement miraculeuses, mais aussi combien d'entre elles ne sont que naturelles. Prière, bon état moral et guérison ont coïncidé ; la présence simultanée de plusieurs faits ne suffisent pas à établir entre eux des relations autres que celle d'une situation dans le temps, les *ex-voto* qui rappellent des guérisons n'impliquent pas nécessairement qu'il y ait eu miracle. La personne guérie peut avoir la conviction d'avoir été miraculée, cela ne suffit pas à établir l'anomalie de sa guérison, car si forte que puisse être sa persuasion, rien ne prouve que sa guérison n'est pas la plus naturelle qui soit.

L'Eglise tolère le dépôt de ces *ex-voto* dans les sanctuaires, parce que cette coutume entretient la piété des fidèles ; de sa conduite nous ne pouvons tirer aucune conclusion, et ce serait manquer de sens critique que de conclure à la réalité d'un miracle sur la seule vue d'un *ex-voto*. Donc tant que des *ex-voto* seront les seules preuves des miracles obtenus par Esculape, nous pouvons demeurer dans un doute légitime et réclamer des preuves plus sérieuses, analogues à celles que l'on exige à Lourdes ou dans les procès de canonisation de saints.

Un savant appelé à constater, au nom de la science, en usant des moyens spéciaux dont il dispose, un fait que les théologiens qualifient « *miracle* » doit s'attacher surtout à reconnaître, s'il y a lieu, la réalité des faits soumis à son examen, et à déclarer si, oui ou non, ils sont en contradiction avec ce que l'expérience a reconnu vrai et normal.

Il peut ensuite rechercher, s'il est possible, une explication naturelle, et ne point tenir compte d'apparences peut-être trompeuses ; il peut essayer, dans son laboratoire ou dans sa clinique, de reproduire les faits constatés. C'est son droit et même son devoir. S'il ne réussit pas, la matérialité des faits n'en sera que mieux confirmée. Mais il ne peut, en tant que savant, nier systématiquement le miracle. Il peut dire : « telle chose est car je l'ai vue » ; mais il ne doit pas dire : « telle chose n'existe pas, car je ne l'ai pas vue. »

Du reste, au delà de la simple observation, le savant se permet toujours un peu de comparaison et de philosophie, et n'eût-il pour guide que le bon sens, sa qualité de savant ne doit pas l'empêcher de conclure au divin, si le divin est au bout de son raisonnement.

S'il n'est donc pas réservé aux seuls théologiens de connaître du miracle, et de dire, à l'exclusion de tous autres, s'il existe ou non, et si tout individu qui examine les phénomènes en toute indépendance peut formuler un jugement sur ce point, il est cependant naturel de tenir un compte particulier de l'opinion motivée d'un théologien.

Rien n'empêche d'ailleurs qu'un même individu soit à la fois savant et philosophe ou théologien : dans cette situation idéale, outre qu'il peut contrôler un phénomène et l'analyser sérieusement, il peut aussi en bien raisonner.

Toutefois, il vaut mieux que théologien et savant soient deux personnes distinctes, car on évite ainsi que le théologien absorbe le savant.

Plusieurs savants rationalistes après avoir étudié sérieusement et sans idée préconçue des faits réputés miraculeux se sont convertis (1). Mais beaucoup

---

(1) Nous ne devons pas oublier que si la raison peut nous amener à la connaissance de Dieu, la foi demeure un don de Dieu qu'il est plus facile de perdre que de retrouver.

L'adhésion de notre intelligence à un dogme quelconque, fût-

d'autres, le plus grand nombre il faut l'avouer, tout en reconnaissant, en tant que savants, l'existence des faits extraordinaires et contradictoires, soumis à leur examen, n'ont pu se résigner à y voir, comme hommes, des manifestations surnaturelles, parce qu'ils sont sous l'empire de cette idée préconçue que le surnaturel ne peut exister et ils ne peuvent s'en dépouiller, tellement elle les tient (1).

Quittant le domaine de la science, qui est le leur, et celui de la philosophie, où déjà beaucoup sont peu

---

il celui de l'existence de Dieu, n'est pas le fait d'une abstraction comme la solution d'une équation. C'est ce qui explique que des savants et des ignorants de bonne foi persistent à demeurer les adeptes d'un sec matérialisme.

(1) Des matérialistes de talent tels que Huxley (1), partant de ce principe qu'une loi de la nature n'est en définitive que l'expression de ce que nous connaissons des propriétés des objets naturels et de l'ordre de la nature, disent, avec raison, que « les lois naturelles ne sont pas les causes de l'ordre et de la « nature, mais seulement notre façon d'établir ce que nous « avons pu découvrir de cet ordre ». Mais c'est abusivement qu'ils ajoutent que « parler de la violation ou de la suspension d'une loi naturelle est une absurdité ». En effet, il existe des faits extraordinaires tout aussi réels que les faits ordinaires, dont, avec les seuls moyens dont dispose l'investigation scientifique et ses méthodes savantes, nous sommes incapables de rendre compte, alors que nous en constatons la réalité. Devant des faits de ce genre, notre raison nous oblige à dire, ou que les lois physiques, auxquelles ces faits contredisent, sont fausses et doivent être rejetées, ou qu'il existe une force dont l'étude échappe au champ de l'expérimentation scientifique.

Comme les matérialistes pas plus que nous, ne peuvent d'emblée rejeter comme illégitimes les lois physiques à l'aide desquelles nous expliquons la plupart des phénomènes dont nous sommes les témoins, avec nous ils doivent admettre l'existence d'une Cause supérieure, intelligente, capable, à son gré, de produire certains effets anormaux que les savants ne peuvent expliquer.

(1) HUXLEY, *Premières notions sur les sciences*, p. 17 et 19, in Bibliothèque utile éd. Germer-Baillière.

à l'aise, ils font, en qualité de savants, une incursion intempestive sur le terrain de la théologie, et, en dépit de tout droit, tentent, au nom de la sicence, une explication extra-scientifique, ou mieux *sur-scienlifique* : Des forces naturelles ignorées opèrent, suivant eux, les faits extraordinaires que leur droiture les contraint à constater (1).

Ces obstinés, sans s'en douter, sans le vouloir surtout, confirment le caractère prophétique des Saintes Ecritures qui annoncent leur attitude en face des miracles ; et l'on se souvient alors du passage de l'Evangile dans lequel le mauvais riche, puni après sa mort, demande à Abraham de faire un miracle devant ses frères qui vivent dans le péché, n'écoutant ni Moïse ni les prophètes, le suppliant de leur envoyer défunt Lazare pour les convertir et leur épargner les tourments qu'il endure : « S'ils n'écoutent ni Moïse ni les prophètes, quelqu'un des morts ressusciterait qu'ils ne croiront pas plus (2). » Telle est la réponse.

---

(1) Le principe de ces forces nous l'appelons *Dieu* et nous disons que, par une dérogation aux lois de la nature, Dieu peut faire, quand il lui plaît, des miracles.
Puisque Dieu est l'auteur de tout miracle, il devient aussi impossible, comme nous l'avons déjà dit, et nous tenons à le répéter, de discuter la question du miracle avec des matérialistes que de vouloir parler géométrie avec quelqu'un qui n'admettrait pas les principes fondamentaux de cette science.
(2) Saint Luc, xvi, 31.

CONCLUSIONS

De tout ce qui précède il résulte :

1º. — Que la science positive n'ayant pas été, jusqu'à présent, en contradiction avec la Révélation, on ne saurait, à notre époque, revendiquer son appui pour combattre l'Eglise.

2º. — Que la science ayant, sans le chercher, confirmé par ses découvertes, quelques-unes des propositions les plus attaquées du récit mosaïste (création de la lumière, puis création des plantes avant celle du soleil, entre autres), ce serait l'Eglise seule qui pourrait avoir intérêt à faire appel au témoignage de la science pour confondre les incrédules et les convaincre.

3º — Que la plus grande ennemie de l'Eglise c'est l'ignorance.

APPENDICE

Et Galilée !!

Beaucoup d'ennemis du surnaturel ont coutume, quand à bout d'arguments ils ne peuvent répondre à un adversaire, de lancer cette objection suprême, chère à tout bon rationaliste qui connaît les usages : « *Et Galilée, vous ne sauriez nier qu'en le condamnant l'Eglise infaillible et le Pape infaillible ne se soient lourdement trompés.* »

A cette objection, comme aux autres du reste, il est très facile de répondre.

En 1633, un tribunal ecclésiastique, la Congrégation du Saint-Office, a condamné Galilée. C'est un fait que nul ne peut nier. Mais que la décision de ce tribunal, très respectable, mais faillible, ait engagé l'infaillibilité de l'Eglise est une assertion dont il est aisé de démontrer la fausseté.

Le « privilége d'être infaillible appartient au « Pape seul et aux Evêques unis au Pape, soit ras-« semblés dans un concile, soit répandus par toute « la terre (1). »

1º — Aucun concile œcuménique n'a été convoqué pour juger Galilée, et le Pape n'a pas consulté l'épiscopat à son sujet ; la condamnation de Galilée n'intéresse donc en rien l'infaillibilité des Evêques unis au Pape.

---

(1) Catéchisme du Diocése de Nancy et de Tou par G. S. Monseigneur Turinaz, p. 68.

2º — Le dogme de l'infaillibilité du Pape a été défini de foi et promulgué au Concile du Vatican en 1870 (1).

Or, à cette époque, depuis nombre d'années, la rotation de la terre autour du soleil et sa rotation sur elle-même étaient affirmée et enseignée partout, même dans les séminaires. Déjà en 1757, la Congrégation de l'Index avait rendu un décret permettant de se servir à Rome de l'affirmation, et non plus de l'hypothèse, pour l'enseignement de la mobilité de la terre. En fait, le décret 1661 et le jugement de 1633 étaient donc abrogés.

Non pour les catholiques qui savent que le Saint-Esprit inspire les décisions des Conciles, mais pour les mécréants qui croient être persuadés que des spéculations purement humaines dirigent les Pères d'un Concile, il doit être de toute évidence que ces Evêques, gens intelligents et avisés, n'auraient pas été assez... légers ! pour juger opportun de définir l'infaillibilité du Pape, si cette infaillibilité telle qu'ils l'ont entendue, c'est-à-dire telle qu'elle est, avait pu être en quoi que ce soit compromise par l'affaire Galilée. Jamais ils n'auraient voulu donner une telle arme aux ennemis de l'Eglise.

En effet, malgré son grand désir personnel d'en

---

(1) Quand on dit qu'un phycisien a découvert un fait nouveau, ou bien a énoncé une loi nouvelle, il est toujours entendu qu'il n'a rien créé, ni rien imaginé, mais qu'il a seulement mis en évidence et fait connaître aux hommes un fait ou une loi qui existaient depuis le commencement du monde ; de même quand l'Eglise définit un dogme, elle n'innove pas, elle ne crée rien, elle ne fait qu'affirmer officiellement et solennellement un principe préexistant, vrai depuis les origines et universellement reconnu comme tel

finir au plus vite avec la thèse antiptoléméenne (1), Urbain VIII n'a pas ratifié le jugement du Saint-Office en usant des formes requises et exigées pour tout acte intéressant son magistère infaillible, et il est bien établi et reconnu que la théorie scientifique de Galilée n'a pas été condamnée dans la forme où l'avaient été par exemple les doctrines de Luther et de Calvin, ni comme l'ont été depuis les théories modernistes.

En toute assurance, on peut donc affirmer que la condamnation de Galilée ne peut atteindre le Pape *ex cathedra*, c'est-à-dire le Pape infaillible.

---

(1) Nous devons remarquer que, lorsqu'il soutint la doctrine de Copernic, Galilée rencontra pour adversaires déclarés les partisans de la doctrine d'Aristote, catholiques ou protestants, qui combattaient aussi bien Képler à Tubingue que Descartes en Hollande.

La façon dont Galilée s'y prit (en poursuivant ses opposants) pour défendre une thèse vraie, eut pour résultat qu'en 1633 la question, purement scientifique en apparence, était devenue théologique. Pour les membres de la Congrégation du Saint-Office, il s'agissait de savoir si dans la Sainte Écriture, on devait prendre le texte au sens littéral ou au sens figuré. Sur ce point ils ne pouvaient être trop prudents.

Au point de vue scientifique, il convient d'observer, avec M. H. de l'Epinois, qu'alors dans les Universités, les savants officiels, catholiques ou hétérodoxes, combattaient les théories de Galilée comme scientifiquement fausses.

Autour des membres de la Congrégation du Saint-Office, le monde scientifique « croyait trop fermement à la vérité du sys-« tème de Ptolémée, soutenu par Aristote. Ce culte pour la pa-« role du Maître, en s'imposant à leur esprit, a égaré leur in-« telligence. » Henri de l'Epinois, *Galilée, son procès, sa condamnation, d'après des documents inédits*. Paris, V. Palmé, 1867 p. 81.

MÊME LIBRAIRIE

Vingt guérisons à Lourdes
discutées médicalement
par
le Docteur de GRANDMAISON de BRUNO
Ancien Interne en Médecine des Hôpitaux de Paris

1 vol. in-16 (320 pages) . . . **3 fr. 50**; *franco*, **3 fr. 75**

Les miracles de Lourdes préoccupent plus que jamais l'opinion et même l'opinion médicale. Les guérisons opérées dans le sanctuaire des Pyrénées ont besoin d'être étudiées et discutées, sans tenir compte des conditions dans lesquelles elles s'accomplissent.

Le médecin n'a qu'à juger les faits, sans se préoccuper des circonstances extérieures qui les accompagnent. Il décide si, en dernière analyse, le fait est explicable ou non, avec les notions scientifiques qui ont cours.

Démontrer qu'à Lourdes se produisent des guérisons, *sortant du cadre habituel des observations de la médecine*, tel est le but que s'est proposé le Docteur de Grandmaison de Bruno.

Parce que médical, son livre conclut à l'intervention du surnaturel, c'est-à-dire de Dieu, dans l'accomplissement de certaines guérisons extraordinaires réalisées à Lourdes.

Livre à répandre dans toutes les bibliothèques d'Œuvres et à offrir à toutes les âmes hésitantes en religion. Cette discussion de vingt miracles, consciencieusement faite par un docteur sérieux, n'est pas tant une réclame pour Lourdes, qu'une Apologie toute vivante du surnaturel, que nos yeux voient, pour ainsi dire, faire irruption d'une façon indubitable dans le monde de la nature. Ce volume accomplira un fructueux apostolat.

J. GUIBERT,
SUPÉRIEUR DU SÉMINAIRE DES CARMES.

www.ingramcontent.com/pod-product-compliance
Lightning Source LLC
LaVergne TN
LVHW051509090426
835512LV00010B/2438